Joachim Ringelnatz

Kuttel Daddeldu

JOACHIM RINGELNATZ

Kuttel Daddeldu

Mit Zeichnungen von Karl Arnold

marixklassiker

Inhalt

Ernst, als ob das komisch wär. Über Joachim Ringelnatz

Vor mehr als einhundert Jahren besang der Essayist Franz Blei Joachim Ringelnatz, diesen Dichter, bei dem sofort, Überraschung! – zwei Fremdwörter einfallen, Transformation und Metamorphose nämlich, überschwänglich als Naturgenie: »DER RINGELNATZ kam die bordeauxweinroten Ozeane heruntergeschwommen, zwischen bottle und battle, weiß Gott woher, setzt er unvermittelt auf tiefsten Grund eines Witzes höchste Spitze. Vielleicht aus des Wanderers Rimbaud Lenden entsprungen irgendwo zwischen Abessynien, dem Niederrhein und der Welt.«[1]

Als Blei dieses Kurzporträt 1922 in sein *Großes Bestiarium der Modernen Literatur* aufnahm, war Ringelnatz der jüngste Autor im Buch. Denn Ringelnatz war da gerade einmal drei Jahre jung. Erst im Dezember 1919 war »Joachim Ringelnatz« in die Welt gesprungen. Vom Schriftstellersohn Hans Bötticher erfunden, der, am 7. August 1883 in Wurzen geboren, in Leipzig aufwuchs, aus romantischer Neigung zur See fuhr und zwischen Surinam, Odessa und Norwegen die Meere durchkreuzte und durchlitt, der zum Hungerkünstler in tausend Nöten wurde, sich in drei Dutzend Berufen erprobte und in einem jeden davon scheiterte, der träge Kriegsjahre hinter sich hatte – und der ein Jahr nach dem Ende des Ersten Weltkriegs sich neu erfand als: Joachim Ringelnatz. Und gleich darauf als Kuttel Daddeldu, der Mariner larger than life, jene Figur, in deren fiktiven Körper der mit 1,60 Metern körperlich eher kurz geratene Ringelnatz mit der übergroßen Nase und den O-Beinen und dem dezent sächsischen Zungenschlag, der einstige Matrose und Leutnant zur See, derart

1 Franz Blei: Das große Bestiarium der Modernen Literatur. Herausgegeben und mit einem Nachwort versehen von Rolf-Peter Baacke, Hamburg: Europäische Verlagsanstalt 1995, S. 58 f.

überzeugend wie ungebärdig schlüpfte, dass er im Lauf der Jahre so manchen Brief als »Kuttel« unterzeichnete.

Ein artistisches Verwirrspiel präsentierte er dem Publikum, zwischen Raffinesse und Frivolem, Derbheit und herzbrechender Einfühlsamkeit. Dabei war es in seinem facettenreichen, von vielen fälschlich als naiv eingestuften, tatsächlich aber witzanarchischen Maskenspiel extrem modern. Es war einzigartig im Duktus, im frech-lyrischen Tonfall in der Eingängigkeit der Verse. Seine Gedichte wurden Allgemeingut; und sind bis heute populär.

Ringelnatz – das war jener Autor, der es wohl als Einziger in der deutschen Literatur des 20. Jahrhunderts schaffte, mit seinem Helden, mit Kuttel Daddeldu, zu verschmelzen. Manche machten keinen Unterschied zwischen Kuttel mit seinen vielen Bräuten und noch mehr Kindern in aller Herren Ländern und Häfen, der so trinkfest ist und so aufschneiderisch, und seinem Erfinder, der auf Kabarettbühnen im Matrosenhemd, mit aufgemalter Ankertätowierung und einem Weinglas in der Hand auftrat. Viele unterschieden nicht zwischen dem angeblich angetrunken auftretenden Ringelnatz und Kuttel mit seinem wilden Kobold-Witz.

Nichts war, nichts aber ist bei Ringelnatz, wie es scheint. Das zeigt ein Tiergedicht, das, Überraschung!, natürlich kein Tiergedicht ist und das sich, von ihm selbst gesprochen, auf Film erhalten hat. Das Poem heißt »Im Park«:

Ein ganz kleines Reh stand am ganz kleinen Baum
still und verklärt wie im Traum.
Das war des Nachts elf Uhr zwei.

Und dann kam ich um vier
Morgens wieder vorbei.
Und da träumte noch immer das Tier.
Nun schlich ich mich leise – ich atmete kaum –
gegen den Wind an den Baum,
und gab dem Reh einen ganz kleinen Stips.
Und da war es aus Gips.

Nichts ist bei Ringelnatz, wie es scheint. Unüberschaubar viele Anekdoten haben sein eigentliches Leben überwuchert. Wie etwa die Miniatur von Johannes Sobek, dem Star der Fußball-Meistermannschaft von Hertha BSC Berlin in den frühen dreißiger Jahren. Sobek war wie Ringelnatz und Hans Albers einer der Stammgäste in der beliebten Peltzer-Bar in der Neuen Wilhelmstraße in Berlin. Viel später schrieb Sobek folgende Erinnerung auf: »Ich war mit Albers an diesem Stammtisch fast jeden Tag zusammen, wenn er Zeit hatte. So in den Jahren 1930–1933. Wir pokerten, aber nur so zum Spaß. Nach ein bis zwei Stunden hatten Ringelnatz und Albers immer die Nase voll und waren schon wieder bei ihrem Beruf. Sie setzten sich an die Bar zu Charly. Die Bar war ziemlich klein, da waren nur wir nachmittags, Fremde kamen gar nicht rein. Albers setzte sich an die eine Ecke, Ringelnatz an die andere. Das war meistens um sieben rum. Bis Mitternacht hörten wir von den beiden kaum ein Wort. Sie hoben nur hin und wieder den Daumen, das hieß: einen neuen Whisky pur! Albers lernte seine Rollen, und Ringelnatz dichtete auf Bierdeckeln. Wenn einer beschrieben war, warf er ihn uns zu. Und wenn wir sagten, das tauge nichts, warf er ihn weg. Die anderen nahm er mit.«

Zahllose Klischees wurden in Umlauf gebracht und zogen ihre Kreise – die Legende von Joachim Ringelnatz, dem heiligen Kind, das nur spielen wollte. Die Legende vom »Kauz und dem Trinker«, so Heinz Rühmann, der ihm ebenfalls in Berlin begegnete. Die Legende von Ringelnatz, hilfloser Zwerg in einer riesigen Welt. Die Legende vom stets Heiteren mit dem teils derben, teils sinnlichen Seemannshumor.

Was grundfalsch war. Und ist, denn: Ringelnatz war Artist. Er war ein hochraffinierter Wortspieler. Die Leichtigkeit verschleiert dies, die Leichtigkeit seiner Verse und seiner Bilder. Doch diese Leichtigkeit ist etwas sehr Schweres – das weiß auch der sehr große Meeresbewohner im Gedicht »Übergewicht«:

Es stand nach einem Schiffsuntergange
Eine Briefwaage auf dem Meeresgrund.
Ein Walfisch betrachtete sie bange,
Beroch sie dann lange,
Hielt sie für ungesund,
Ließ alle Achtung und Luft aus dem Leibe,
Senkte sich auf die Wiegescheibe
Und sah – nach unten schielend – verwundert:
Die Waage zeigte über Hundert.

Bei Joachim Ringelnatz, der sich ins Telefonbuch der Stadt München als »Artist« eintragen ließ und in das von Berlin als »Kunstmaler«, war die Komik zwiespältig-tiefgründig. Das wusste der vorgebliche »Komiker« Ringelnatz selbst ganz genau:

Ein Komiker von erstem Rang
Ging eine Straße links entlang.
Die Leute sagten rings umher
Hindeutend: »Das ist der und der!«
Der Komiker fuhr aus der Haut
Nach Haus und würgte seine Braut.
Nicht etwa wie von ungefähr,
Nein ernst, als ob das komisch wär.

Es wird gern vergessen, dass er Schriftstellersohn war, Filius des Tapetendesigners Georg Bötticher, der zwischen 1875 und 1915 ein beliebter und fleißiger Dichter und Herausgeber eines viel gelesenen Kinderalmanachs war. Als Zeichner dekorativer Wandgestaltungen hatte es ihn mit Familie nach Wurzen, rund dreißig Kilometer östlich von Leipzig, gezogen, denn dort gab es mit dem Werk der Familie Schütz eine große, florierende Tapetenfabrik. Mit fünf Jahren, im Jahr 1888, kam Hans Bötticher dann nach Leipzig.

Er war ein miserabler Schüler, renitent, vorwitzig, faul, sich fortträumend aus der rigiden schulischen Disziplin. Wieso wollte er nach dem Abitur zur See fahren? In seiner Autobiografie meint er kokett: Lektüre und Fantasie. Die zwei Jahre zur See waren hart bis sadistisch. Zwischenzeitlich verhungerte er zwischen zwei Heuern fast in Hamburg. Wieso verschlug es ihn dann nach München, wo er lange blieb, einschließlich Kriegsunterbrechung fast zwanzig Jahre? In der Münchner Bohème wurde aus dem Ex-Matrosen und Ex-Kontor-Angestellten der Hausdichter der Künstlerkneipe »Simplicissimus«, der für warme Worte und sehr wenig Geld abends Selbstgedichtetes vortrug. Und dann wieder floh – wegen der grantigen Wirtin. Anschließend ging der Zickzackkurs weiter. Nach einem frostigen Winter an der Ostsee und Intermezzi als Privatbibliothekar einer Adelsfamilie auf einer fränkischen Burg (wo es keine Bücher gab) kehrte er nach München zurück, tauchte ins Bohème-Leben ab, schrieb erfolglos vor sich hin. 1914 zum Krieg eingezogen, rettete ihn dieser. Wieso? Weil er zur Marine kam. Die hatte vier Jahre lang in Cuxhaven, wo er stationiert war (und wo es heute ein ihm gewidmetes, reizendes Museum gibt, das den Besuch mehr als lohnt), wenig zu tun. Er wurde Offizier. Dann war der Krieg aus, und er arbeitslos und nahezu obdachlos. Dennoch wollte er heiraten, Leonharda Piper, von ihm zärtlich »Muschelkalk« genannt, eine Tochter des Bürgermeisters von Rastenburg in Ostpreußen. Sie zogen nach München.

Im Dezember 1919 schrieb er Gedichte, die plötzlich ganz anders waren als alles, was er vorher geschrieben hatte. Und er schrieb nun als jemand anderer – als Joachim Ringelnatz. Urplötzlich feierte er Erfolge. Ringelnatz schlug ein – und wie! Mit ungewöhnlichen, mit ungewöhnlich frechen und ganz außergewöhnlich parodistischen Gedichten, die den steifen Ernst des Spätwilhelminismus aus den Köpfen bliesen. Plötzlich war er da, der Ringelnatz, mit frechen Turngedichten, etwa mit »Bumerang«:

War einmal ein Bumerang;
War ein weniges zu lang.
Bumerang flog ein Stück,
Aber kam nicht mehr zurück.
Publikum – noch stundenlang –
Wartete auf Bumerang.

Ein junger, schmaler Journalist namens Joseph Roth jubilierte: »Joachim Ringelnatz, göttlicher Spaßmacher, vom Tisch der Götter aufs Podium herabgestiegen«.

Als reisender Artist – er verdiente sein Geld abends, manchmal spätabends, auch fast um Mitternacht in Cabarets und Kabaretts und Theatern – war er unterwegs, jedes Jahr viele Monate. Kreuz und quer. Von Wien bis Hamburg, von Köln über Frankfurt und Breslau bis Zürich. Unentwegt schreibend und dichtend. Seine letztgültige Werkausgabe kommt auf 3.008 Druckseiten, verfasst innerhalb von vierzehn Jahren. Umgerechnet 215 (!) Druckseiten pro Jahr. Zu diesen 3.000 Seiten kamen noch Tagebücher, die im Krieg verbrannten, eine Flut an Briefen, Postkarten und Billets.

Die Jahre nach dem Umzug 1930 von München nach Berlin waren hart. Die Nazis verhängten fast sofort nach der sogenannten Machtergreifung ein Auftrittsverbot. Die letzten Lebensjahre bescherten dann neuerlich Anderes, Neues, die Verwandlung in einen Poeten Ringelnatz (der auch ein begabter Maler war, mit und neben Otto Dix und anderen ausstellte und von wichtigen Kunstgaleristen seiner Zeit sehr geschätzt wurde), der ernster war, melancholischer, auch verzweifelt, manchmal sogar bitter. Nicht zufällig heißt ein Poem aus dieser Zeit »Traurig geworden«. Schon die erste Strophe zeigt eine früher kaum so deutlich vorhandene noch jemals so ausgesprochen tiefe Niedergeschlagenheit:

Traurig geworden im Denken,
Traurig ohne Woher.
Als könnte mir niemand mehr
Etwas schenken.

Erstmals wurde er nun bewusst politisch. In einem nachgelassenen Gedicht, geschrieben im Winter 1933/1934, und mutmaßlich eines seiner letzten, »Wir sind, sagen die Lauen« heißt es:

WIR SIND, sagen die Lauen,
Wir sind nicht objektiv.
Wir sollten doch tiefer schauen,
Doch schauen, ob nicht tief
Am Nazitum was dran sei,
Ob Hitler nicht doch ein Mann sei.

Wir haben alles erwogen,
Wir wussten alles zuvor,
Mal hat man uns nicht betrogen,
Man machte uns nicht vor,
Dass rechts links und gerade schief sei
Und dass alles relativ sei.

[…]

Wir kennen die einfache Wahrheit,
Wir sehn durch ein scharfes Glas.
Und unsere Lehre ist Klarheit,
Und unsere Klarheit ist Hass.
Der Hass, der groß und weitsichtig ist,
Der schaffende Hass, der richtig ist.

Mitte 1934 war Ringelnatz, tuberkulosetodkrank, in einem Sanatorium in Brandenburg. Selbst da scherzte der Wortspieler, Pointenkünstler und hinreißende Briefeschreiber noch, er scherzte über ein Geschenk der Schauspielerin und sehr guten Freundin Asta Nielsen, die ihm bis zum Ende beistand. Ihr schrieb er aus der Heilanstalt: »Ich bin in der Frauen-Abteilung und bin dort der einzige Mann. Du kannst Dir denken, was das für Arbeit erfordert! Ist es da ein Wunder, wenn ich nur 103 Pfunde wiege?

Was aber, liebe Asta, wird auf dieser Veranda geschehen, wenn ich morgen in Deinem morgenprinzlichen Pyjama erscheine?! Nein, dieser Pyjama ist wirklich bezaubernd. Ich wollte bloss, Du hättest Deine Beine darin gelassen, obwohl mir auch Dein Oberkörper sehr sympathisch ist. Aber Du schenkst ja immer ganz besonders schöne Sachen.«

Bis zum Ende liebte er die Sprache – und die Sprache liebte ihn. Am 17. November 1934 starb Joachim Ringelnatz, einundfünfzig Jahre, drei Monate, zehn Tage alt, in seiner Wohnung am Sachsenplatz, dem heutigen Brixplatz, in Berlin-Neuwestend.

Schon einige Jahre davor hatte sein guter Freund, der Kritiker und Feuilletonist Hans Siemsen, über ihn prophetisch zeitlich-Überzeitliches zu Papier gebracht: »jeder (anständige) Mensch, der ihn und seine Gedichte kennt, ist, trotz allen Elends und aller Gemeinheit unserer verlogenen Zeit, – oder vielleicht gerade deshalb! – froh und dankbar dafür, dass es solch einen Dichter und solch einen Menschen gibt, wie ihn.«

Alexander Kluy
April 2024

Die erste Auflage dieses Buches erschien 1923 bei Kurz Wolff in München. Einhundert Exemplare wurden handkoloriert und vom Verfasser und Künstler signiert. Im September 1929 übernahm Ernst Rowohlt das Bändchen. Nach dem Druck des 23.000 Exemplar wurde es 1933 verboten. Dieser Nachdruck erschien zum ersten Mal 1974 im Karl H. Henssel Verlag, Berlin und 1995 im Diogenes Verlag, Zürich. Die vorliegende Ausgabe ist eine Neuauflage des 1923 erschienenen Bandes. Wortwahl und einzelne Karikaturen können nach heutigem Empfinden aufstoßen. Ringelnatz positioniert sich in seinem gesamten Werk, auch im Kuttel Daddeldu, gegen Rechtsextremismus, Rassismus und menschliches Elend. In seinem Witz wie in seiner Melancholie ist er Künstler, aber vor allem hellsichtiger Menschenfreund.

KUTTEL DADDELDU

Avant-propos

Ich kann mein Buch doch nennen, wie ich will
Und orthographisch nach Belieben schreiben!
Wer mich nicht lesen mag, der laß es bleiben.
Ich darf den Sau, das Klops, das Krokodil
Und jeden andern Gegenstand bedichten,
Darf ich doch ungestört daheim
Auch mein Bedürfnis, wie mir's paßt, verrichten.
Was könnte mich zu Geist und reinem Reim,
Was zu Geschmack und zu Humor verpflichten? –
Bescheidenheit? – captatio – oho!
Und wer mich haßt, – – sie mögen mich nur hassen!
Ich darf mich gründlich an den Hintern fassen
Sowie an den avant-propos.

Vom Seemann Kuttel Daddeldu

Eine Bark lief ein in Le Haver,
Von Sidnee kommend, nachts elf Uhr drei.
Es roch nach Himbeeressig am Kai,
Und nach Hundekadaver.

Kuttel Daddeldu ging an Land.
Die Rü Albani war ihm bekannt.
Er kannte nahezu alle Hafenplätze.

Weil vor dem ersten Hause ein Mädchen stand,
Holte er sich im ersten Haus von dem Mädchen die Krätze.

Weil er das aber natürlich nicht gleich empfand,
Ging er weiter, – kreuzte topplastig auf wilder Fahrt.
Achtzehn Monate Heuer hatte er sich zusammengespart.

In Nr. 6 traktierte er Eiwie und Kätchen,
In 8 besoff ihn ein neues, straff lederbusiges Weib.
Nebenan bei Pierre sind allein sieben gediegene Mädchen,
Ohne die mit dem Zelluloid-Unterleib.

Daddeldu, the old Seelerbeu Kuttel,
Verschenkte den Albatrosknochen,
Das Haifischrückgrat, die Schals,
Den Elefanten und die Saragossabuttel.
Das hatte er eigentlich alles der Mary versprochen,
Der anderen Mary; das war seine feste Braut.

Daddeldu – Hallo! Daddeldu,
Daddeldu wurde fröhlich und laut.

6
3

Er wollte mit höchster Verzerrung seines Gesichts
Partu einen Song singen
Und »Blu beus blu«.
Aber es entrang sich ihm nichts.

Daddeldu war nicht auf die Wache zu bringen.
Daddeldu Duddel Kuttelmuttel, Katteldu
Erwachte erstaunt und singend morgens um vier
Zwischen Nasenbluten und Pomm de Schwall auf der Pier.

Daddeldu bedrohte zwecks Vorschuß den Steuermann,
Schwitzte den Spiritus aus. Und wusch sich dann.

Daddeldu ging nachmittags wieder an Land,
Wo er ein Renntiergeweih, eine Schlangenhaut,
Zwei Fächerpalmen und Eskimoschuhe erstand.
Das brachte er aus Australien seiner Braut.

Daddeldus Lied an die feste Braut

Lat man goot sin, lütte seute Marie.
Mi no ssavi!
Ich habe deine Photographie
In der Meditteriniensi
Weit draußen auf dem Meere
Damals verloren,
Als ich bei den Azoren
Mit der Bulldog beinah versoffen wäre. –

Bulldog aheu!

Swiethart! Manilahaariges Kitty-Anny-Pipi –
Oder wie du heißt –
Bulldog aheu!
Bei Jesus Chreist
Ich war – seit Konstantinopel – dir immer treu.

Scheek hends! Ehrlich und offen:
Ich bin gar nicht besoffen.

Giff öß e Whisky, du, ach du! Jesus Christ!

Skool! bleddi Sanofebitsch – Ohne Spott:
Ich glaube, dich hat der liebe Gott
An einem Sonntag zusammengespleist.
Weißt du, was du bist: Weißt?
Hör mich einmal ernsthaft auf mich.
Du – du bist – mein zweites Ich.
Du mußt mir mal deinen Namen ausbuchstabieren,
Hein soll mir das auf den Arm tätowieren.

Mary, mach mal deinem Daddeldu
Die Hosentür zu.

Ich habe noch immer die graue Salbe von dir,
Das ist ganz egal; das ist auch ein Souvenir.
Wer mir die Salbe nimmt –
Ich bin der gutmütigste Kerl, glaub es mir;
Ich habe noch keinem Catfisch ein Haar gekrümmt –
Wenn ich zurück bin aus Schangei,
Wie Gott will hoffen, –
Wer mir die Salbe nimmt,
Dem hau ik die Kiemen entzwei.

Bulldog aheu! Ich bin nicht besoffen.
Wirklich nicht!
Wirklich nicht!
Wer mir die Salbe krümmt,
Dem renn ich die Klüsen dicht. –
Komm her, Deesy, wir schlagen die Bulldog entzwei.
Wenn ich aus Kiatschu, Kiatschau –
Porko dio Madonna!
Mary, du alte Sau,
Wer dir die Salbe stiehlt aus Schangei,
Der wird einmal Kapitän Daddeldus Frau

Seemannstreue

Nafikare necesse est.
Meine längste Braut war Alwine.
Ihrer blauen Augen Gelatine
Ist schon längst zerlaufen und verwest. –
Alwine sang so schön das Lied:
»Ein Jäger aus Kurpfalz«.

Wie Passatwind stand ihr der Humor.
– Sonntags morgens wurde sie bestattet
In der Heide, wo kein Bäumchen schattet,
Und auch ihre Unschuld einst verlor.

Donnerstags grub ich sie wieder aus.
Da kamen mir schon ihre Ohrlappen
So sonderbar vor.

Freitags grub ich sie dann wieder ein.
Niemand sah das in der stillen Heide. –
Montags wieder aus. Von ihrem Kleide,
Das man ihr ins Grab gegeben hatte,
Schnitt ich einer Handbreit gelber Seide,
Und die trägt mein Bruder als Krawatte. –

Gruslig war's: Bei dunklem oder feuchten
Wetter fing Alwine an zu leuchten.
Trotzdem parallel zu ihr verweilen
Wollt ich ewiglich und immerdar.
Bis sie schließlich an den weichen Teilen
Schon ganz anders und ganz flüssig war.

Aus. Ein. Aus; so grub ich viele Wochen.
Doch es hat zuletzt zu schlecht gerochen.
Und die Nase wurde blauer Saft,
Wodrin lange Fadenwürmer krochen. –
Nichts für ungut: das war ekelhaft. –
Und zuletzt sind mir die schlüpfrigen Knochen
Ausgeglitten und in lauter Stücke zerbrochen

Und so nahm ich Abschied von die Stücke.
Ging mit einem Schoner nach Iquique,
Ohne jemals wieder ihr Gebein
Auszugraben. Oder anzufassen.

Denn man soll die Toten schlafen lassen.

Abendgebet einer erkälteten Afrikanerin

Ich suche Sternengefunkel.
All mein Karbunkel
Brennt Sonne dunkel.
Sonne drohet mit Stich.

Warum brennt mich die Sonne im Zorn?
Warum brennt sie gerade mich?
Warum nicht Korn?

Ich folge weißen Mannes Spur.
Der Mann war weiß und roch so gut.
Mir ist in meiner Muschelschnur
So negligé zu Mut.

Kam in mein Wigwam
Weit übers Meer,
Seit er zurückschwamm,
Das Wigwam
Blieb leer.

Drüben am Walde
Kängt ein Guruh – –

Warte nur balde
Kängurst auch du.

Die Weihnachtsfeier des Seemanns Kuttel Daddeldu

Die Springburn hatte festgemacht
Am Petersenkai.
Kuttel Daddeldu jumpte an Land,
Durch den Freihafen und die stille heilige Nacht
Und an dem Zollwächter vorbei.
Er schwenkte einen Bananensack in der Hand.
Damit wollte er dem Zollmann den Schädel spalten.
Wenn er es wagte, ihn anzuhalten.
Da flohen die zwei voreinander mit drohenden Reden.
Aber auf einmal trafen sich wieder beide im König von Schweden.

Daddeldus Braut liebte die Männer vom Meere,
Denn sie stammte aus Bayern.
Und jetzt war sie bei einer Abortfrau in der Lehre,
Und bei ihr wollte Kuttel Daddeldu Weihnachten feiern.

Im König von Schweden war Kuttel bekannt als Krakehler.
Deswegen begrüßte der Wirt ihn freundlich: »Hallo old sailer!«
Daddeldu liebte solch freie, herzhafte Reden,
Deswegen beschenkte er gleich den König von Schweden.
Er schenkte ihm Feigen und sechs Stück Kolibri
Und sagte: »Da nimm, du Affe!«
Daddeldu sagte nie »Sie«.
Er hatte auch Wanzen und eine Masse
Chinesischer Tassen für seine Braut mitgebracht.

Aber nun sangen die Gäste »Stille Nacht, Heilige Nacht«,
Und da schenkte er jedem Gast eine Tasse
Und behielt für die Braut nur noch drei.
Aber als er sich später mal darauf setzte,

Gingen auch diese versehentlich noch entzwei,
Ohne daß sich Daddeldu selber verletzte.

Und ein Mädchen nannte ihn Trunkenbold
Und schrie: er habe sie an die Beine geneckt.
Aber Daddeldu zahlte alles in englischen Pfund in Gold.
Und das Mädchen steckte ihm Christbaumkonfekt
Still in die Taschen und lächelte hold
Und goß noch Genever zu dem Gilka mit Rum in den Sekt.
Daddeldu dacht an die wartende Braut.
Aber es hatte nicht sein gesollt,
Denn nun sangen sie wieder so schön und so laut.
Und Daddeldu hatte die Wanzen noch nicht verzollt,
Deshalb zahlte er alles in englischen Pfund in Gold.

Und das war alles wie Traum.
Plötzlich brannte der Weihnachtsbaum.
Plötzlich brannte das Sofa und die Tapete,
Kam eine Marmorplatte geschwirrt,
Rannte der große Spiegel gegen den kleinen Wirt.
Und die See ging hoch und der Wind wehte.

Daddeldu wankte mit einer blutigen Nase
(Nicht mit seiner eigenen) hinaus auf die Straße.
Und eine höhnische Stimme hinter ihm schrie:
»Sie Daddel Sie!«
Und links und rechts schwirrten die Kolibri.

Die Weihnachtskerzen im Pavillon an der Mattentwiete erloschen.
Die alte Abortfrau begab sich zur Ruh.
Draußen stand Daddeldu
Und suchte für alle Fälle nach einem Groschen.
Da trat aus der Tür seine Braut
Und weinte laut:
Warum er so spät aus Honolulu käme?
Ob er sich gar nicht mehr schäme?
Und klappte die Tür wieder zu.
An der Tür stand: »Für Damen«.

Es dämmerte langsam. Die ersten Kunden kamen,
Und stolperten über den schlafenden Daddeldu.

Kuttel Daddeldu und Fürst Wittgenstein

Daddeldu malte im Hafen mit Teer
Und Mennig den Gaffelschoner Claire.
Ein feiner Herr kam daher,
Blieb vor Daddeldun stehn
Und sagte: »Hier sind fünfzig Pfennig,
Lieber Mann, darf man wohl mal das Schiff besehn?«
Daddeldu stippte den Quast in den Mennig,
Daß es spritzte, und sagte: »Fünfzig ist wenig.
Aber, God demm, jedermann ist kein König.«
Und der Fremde sagte verbindlich lächelnd: »Nein,
Ich bin nur Fürst Wittgenstein.«
Daddeldu erwiderte: »Fürst oder Lord –
Scheiß Paris! Komm nur an Bord.«
Wittgenstein stieg, den Teerpott in seiner zitternden Hand,
Hinter Kutteln das Fallreep empor und kriegte viel Sand
In die Augen, denn ein schwerer Stiefel von Kut-
Tel Daddeldu stieß ihm die Brillengläser kaput,
Und führte ihn oben von achtern nach vorn
Und von Luv nach Lee.
Und aus dem Mastkorb fiel dann das Brillengestell aus Horn,
Und im Kettenkasten zerschlitzte der Cutaway.
Langsam wurde der Fürst heimlich ganz still.
Daddeldu erklärte das Ankerspill.
Plötzlich wurde Fürst Wittgenstein unbemerkt blaß.
Irgendwas war ihm zerquetscht und irgendwas naß.
Darum sagte er mit verbindlichem Gruß:
»Vielen Dank, aber ich muß – – –«
Daddeldu spukte ihm auf die zerquetschte Hand
Und sagte: »Weet a Moment, ich bringe dich noch an Land.«
Als der Fürst unterwegs am Ponte San Stefano schmollte,
Weil Kuttel durchaus noch in eine Osteria einkehren wollte,
Sagte dieser: »Oder schämst du dich etwa vielleicht?«

Da wurde Fürst Wittgenstein wieder erweicht.
Als sie dann zwischen ehrlichen Sailorn und Dampferhallunken
Vier Flaschen Portwein aus einem gemeinsamen Becher getrunken,

Rief Kuttel Daddeldu plötzlich mit furchtbarer Kraft:
»Komm, alter Fürst, jetzt trinken wir Brüderschaft.«
Und als der Fürst nur stumm auf sein Chemisette sah,
Fragte Kuttel: »Oder schämst du dich etwa?«
Wittgenstein winkte ab und der Kellnerin.
Die schob ihm die Rechnung hin.
Und während der Fürst die Zahlen mit Bleistiftstrichen
Anhakte, hatte Kuttel die Rechnung beglichen.

Der Chauffeur am Steuer knirschte erbittert.
Daddeldu hatte schon vieles im Wagen zersplittert,
Während er dumme Kommandos in die Straßen und Gassen
Brüllte. »Hart Backbord!« »Alle Mann an die Brassen!«
Rasch aussteigend fragte Fürst Wittgenstein:
»Bitte, wo darf ich Sie hinfahren lassen?«
Aber Daddeldu sagte nur: »Nein!«
    Darauf erwiderte jener bedeutend nervös:
»Lieber Herr Seemann, seien Sie mir nicht bös;
Ich würde Sie bitten, zu mir heraufzukommen,
Aber leider – –« Daddeldu sagte: »Angenommen.«

Auf der Treppe bat dann Fürst Wittgenstein
Den Seemann inständig:
Um Gottes willen doch ja recht leise zu sein;
Und während er später eigenhändig
Kaffee braute – und goß in eine der Tassen viel Wasser hinein, –

Prüfte Kuttel nebenan ganz allein,
Verblüfft, mit seinen hornigen Händen
Das Material von ganz fremden Gegenständen.
Bis ihm zu seinem Schrecken der fünfte
Zerbrach. – Da rollte er sich in den großen Teppich hinein.
Dann kam mit hastigen Schritten
Der Kaffee. Und Fürst Wittgenstein
Sagte, indem er die Stirne rümpfte:
»Nein, aber nun muß ich doch wirklich bitten – –
Das widerspricht selbst der simpelsten populären Politesse.«
Daddeldu lallte noch: »Halt' die Fresse!«

Kuttel Daddeldu besucht einen Enkel

»Mein lieber Heini! – Denn so heißt du ja wohl? –
Über die Folgen der Weiber und des Alkohol
Mußt du mal deine Mutter befragen, –
Oder nein!! Besser schon gehst du
Damit zum Lehrer. – Ich will dir nur Eines sagen:
Gehe niemals zur See!! Verstehst du?
Denn das Seemannsleben ist sauer ernst und schwer;
Und wie du mich hier mit meinem weißen Bart
Siehst – du dummer Bengel, so kik doch her! –
Habe ich mir bis heute noch keinen Groschen erspart.

Mein lieber Heini! du bist heute konfirmiert oder eingesegnet.
Ich schenke dir hiermit, weil du nun eingesegnet oder gefirmt
Bist, diesen Schirm. Nicht, daß er dich jemals beschirmt.
Sondern, wenn's mal recht kabelgarndick vom Himmel regnet,
Sollst du ihn an der nächsten Kante in Stücke zerschlagen.
Denn ein rechter Kerl muß jedes Wetter vertragen
Und nur auf Gott und seinen Kaptein vertraun.
Und sollte dir jemals jemand was andres sagen,
Dem mußt du deine Seekiste über den Bregen haun.
Weil ein Mann sich soll as ein Kerl benehmen,
Und laß dich nicht vor den Landratten lumpen.
Wenn wir uns auch mal im Hafen den Schlauch vollpumpen,
Deswegen braucht sich von uns an Deck keiner zu schämen.
Denn jedes Frauenzimmer will sich doch mal amüsieren,
Und als Schiffsjunge heißt es vor allem parieren.
Wenn einem draußen solch dicker Teifun
Durch Nase und Arschloch pfeift, – –
Dann hättest du Großvater Daddeldun
Sehen sollen, wie er den Jungens die Eier schleift!

Hauptsache ist, daß man nur richtig die Lage peilt.
Was die Studierten predigen, das ist alles Beschiß.
Mein erster Bootsmann hat sich viermal die Syphilis
Nur mit Spiegelscherben und Branntwein geheilt. –
Was feixt du da, naseweiser Flegel! –
Das ist alles Wort für Wort wahr
Und gar nicht zum Lachen.

Na laß man. Du bist erst fünfzehn Jahr.
Da wollen wir beide mal heute mit vollem Segel
So einen Trip durch Sankt-Liederlich machen.«

Seemannsgedanken übers Ersaufen

Ich sterbe. Du stirbst. Er stirbt.
Viel schlimmer ist, wenn ein volles Faß verdirbt.
Aber auch wir wollen erst ausgetrunken sein.
Besauft euch beizeiten.
Alle Flüssigkeiten
Finden sich wieder ins Meer hinein,
Wo wir den Schwämmen gleich sind,
Wo uns nichts gebricht,
Weil wir weich sind.
Und wenn man in eine Leiche sticht:
Sie fühlt es nicht.
Wird mich nie mehr acht Glasen wecken,
Will ich gerne den Fischen wie Hackfleisch mit Rührei schmecken.

Weil das mit Sinn so geschieht,
Denn die haben gewiß nicht vergessen,
Wieviel Schollen wir in uns hineingefressen.
Nur bei den Würmern im Sarge ist ein Unterschied.
Wenn uns der Haifisch beim Wickel kriegt –
Das müßte mal einer malen!
Was da wohl alles so unten beisammenliegt –
Zerbrochene Schiffe, Krebse und Apfelsinenschalen.
Frisch ersoffen also und nicht gejammert,
Aber natürlich auch nicht zu übereilt;
Wer sich nicht tapfer noch an die letzte Handuhle klammert,
Der ist im Leben nie um die Horn gesailt.
Ein Schuft, wer mehr stirbt, als er sterben muß!

Aber muß es sein, dann nicht schüchtern.
Ersaufen ist auch ein Genuß,
Und vielleicht wird man dann nie mehr nüchtern.
Denn nur über das Fleisch und die Knochen
Weiß man was, offenbar.
Aber sonst hab' ich noch keinen gesprochen,
Der richtig ersoffen war.

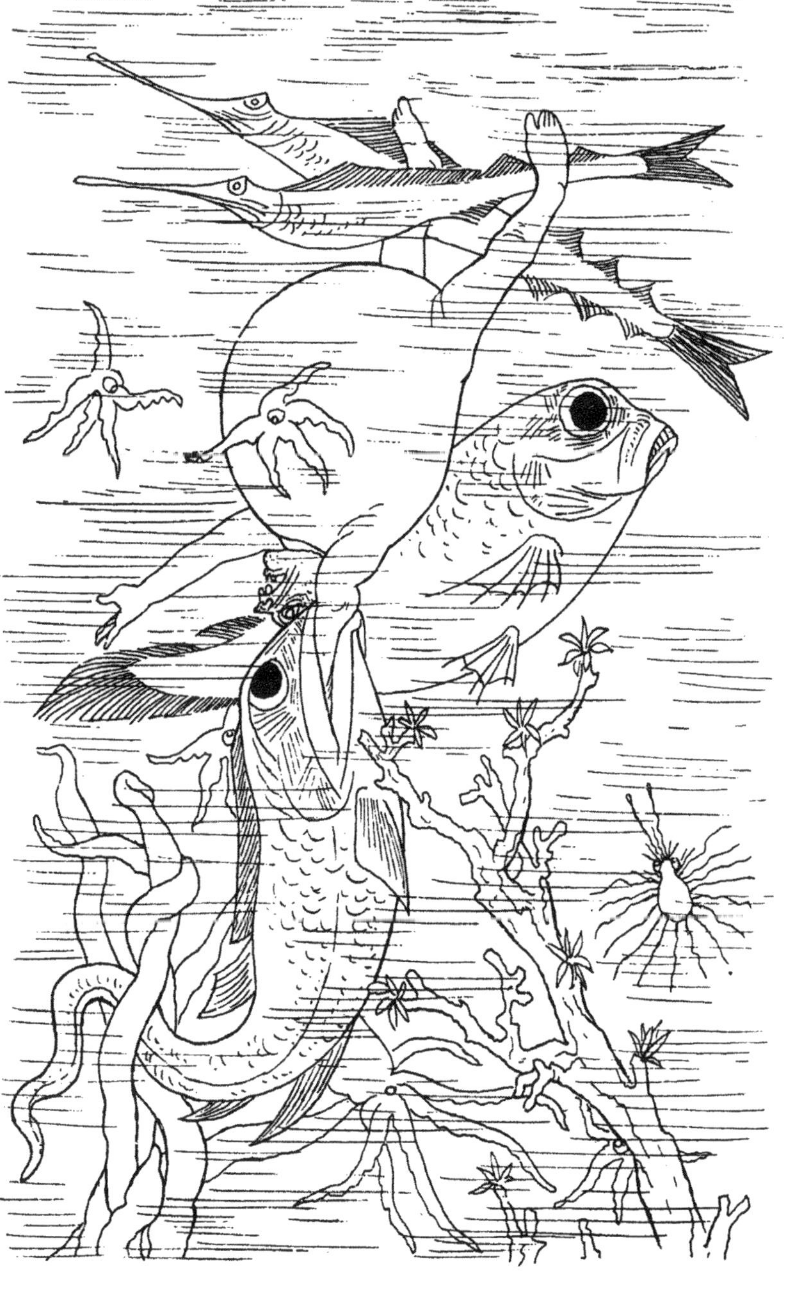

Kuttel Daddeldu im Binnenland

Schlafbrüchige Bürger von Eisenach
Tapsten ans Fenster. Denn draußen gab's Krach.
Da sang jemand, der eine Hängematte
Und ein Geigenfutteral auf dem Rücken hatte.
Und ließ auch Töne frei, die man besser
Sich aufspart für Sturmfahrten im Auslandsgewässer.

Zehn Jahre zuvor und von Eisenach sehr entfernt
Hatte Daddeldu bei Schwedenpunsch,
Whisky, Rotwein und Kuchen
In Grönland eine Gräfin Pantowsky kennengelernt,
Die hatte gesagt: »Sie müssen mich mal besuchen.«
Und zehn Jahre lang merkte sich Kuttel genau:
Eisenach, Burgstraße 16, dicke, richtig anständige Frau.

Auch studierte bei Eisenach oder Wiesbaden herum
Sein Schwager zolologisches Studium;
Für den schleppte Kuttel in dem Futteral
Seit Bombay ein seltnes Geschenk herum.
Nun, nach dem Untergange der Lotte Bahl,
Wollte er Schwager und Gräfin sozusagen
Mit zwei Fliegen auf einer Klappe schlagen.

Rief also jetzt die nächtlichen thüringer Leutchen
Mit englischen Fragen an. Später mit deutschen.
Aber die Gräfin Pantowsky kannte keiner.
Und auf einmal las Kuttel an Luvseite »Zum Rodensteiner«
Und kalkulierend, daß dort was zu trinken sei,
Klopfte er. Teils vergeblich und teils entzwei.
Weil weder Wirts- noch Freudenhaus noch Retirade
Sich öffneten, sagte Daddeldu: »Schade«.
Fand aber weitersteigend und unverdrossen

Das Haus Burgstraße 16. Leider verschlossen.
Die Tür zum Gräflich Pantowskychsen Zwetschengarten
Zersplitterte. Daddeldu hatte beschlossen zu warten.

Mittags im Pensionat Kurtius
Bewarfen die Mädchen nach Unterrichtsschluß
Mit Stöpsels und leeren Konservendosen
Einen furchtbaren Kerl, der mit buchtigen Hosen
Und einem imposanten Revers
Zwischen Ästen in Höhe des Hochparterres
In einer Hängematte schlief
Und nicht reagierte auf das, was man rief.
Als er doch endlich halbwegs erwachte,
Weil von zwei Bäumen einer zur Erde krachte,
Spritzten die Mädchen dem Manne Eau de Kolon ins Gesicht.
Aber die Gräfin Pantowsky kannten sie nicht.
Und verwirrt über die Falschheit des Binnenlands
Nannte Kuttel die Vorsteherin »Alte Spinatgans!«
Und taumelte schlaftrunken, römische Flüche stammelnd, zu Tal,
Mit Hängematte, doch ohne das Dingsfutteral.

Alsbald, von wegen das Taumeln und Stammeln,
Begannen sich Kinder um ihn zu sammeln.
Und der Kinder liebende Daddeldu,
Nur um die Kinder zu amüsieren,
Fing an, noch stärker nach rechts und nach links auszugieren,
Als ob er betrunken wäre. Und brüllte dazu:
»The whole life is vive la merde!«
Und wurde so polizeilich eingesperrt.
An Gräfin Pantowsky glaubte dort keiner.
Und der unglücklich nüchterne Daddeldu
Gab den zerbrochenen Rodensteiner,

Gab alles andre Gefragte eilig zu
Und drehte – ohne Tabak – in der Nacht
Wie ein Log zwölf Knoten ins hölzerne Lager,
Oder vielmehr in die Hängematte.
Weil er das schöne Geschenk für den Schwager
In der Mädchenpension vergessen hatte.
Gewiß war das Futteral schon erbrochen,
Und das Geschenk war herausgekrochen
Und hatte vielleicht schon wer-weiß-wen gestochen.

Später im D-Zug, unter der Bank hinter lauter ängstlichen Beinen,
Fing Daddeldu plötzlich an, zum einzigsten Male zu weinen
(Denn später weinte er niemals mehr.) – –
Beide Flaschen Eau de Kolon waren leer.

Kuttel Daddeldu und die Kinder

Wie Daddeldu so durch die Welten schifft,
Geschieht es wohl, daß er hie und da
Eins oder das andre von seinen Kindern trifft,
Die begrüßen dann ihren Europapa:
»Gud morning! – Sdrastwuide! – Bong Jur, Daddeldü!
Bon tscherno! Ok phosphor! Tsching–tschung! Bablabü!«
Und Daddeldu dankt erstaunt und gerührt
Und senkt die Hand in die Hosentasche
Und schenkt ihnen, was er so bei sich führt,
– – Whiskyflasche,
Zündhölzer, Opium, türkischen Knaster,
Revolverpatronen und Schweinsbeulenpflaster,
Gibt jedem zwei Dollar und lächelt: »Ei, ei!«
Und nochmals: »Ei, Ei!« – Und verschwindet dabei.

Aber Kindern von deutschen und dänischen Witwen
Pflegt er sich intensiver zu widmen.
Die weiß er dann mit den seltensten Stücken
Aus allen Ländern der Welt zu beglücken.
Elefantenzähne – Kamerun,
Mit Kognak begoss'nes malaiisches Huhn,
Aus Friedrichroda ein Straußenei,
Aus Tibet einen Roman von Karl May,
Einen Eskimoschlips aus Giraffenhaar,
Auch ein Stückchen versteinertes Dromedar.

Und dann spielt der poltrige Daddeldu
Verstecken, Stierkampf und Blindekuh,
Markiert einen leprakranken Schimpansen,
Lehrt seine Kinderchen Bauchtanz tanzen
Und Schiffchen schnitzen und Tabak kauen.
Und manchmal, in Abwesenheit älterer Frauen,
Tätowiert er den strampelnden Kleinchen
Anker und Kreuze auf Ärmchen und Beinchen.

Später packt er sich sechs auf den Schoß
Und läßt sich nicht lange quälen,
Sondern legt los:
Grog saufen und dabei Märchen erzählen;
Von seinem Schiffbruch bei Helgoland,
Wo eine Woge ihn an den Strand
Auf eine Korallenspitze trieb,
Wo er dann händeringend hängenblieb.
Und hatte nichts zu fressen und saufen;
Nicht mal, wenn er gewollt hätte, einen Tropfen Trinkwasser,
um seine Lippen zu benetzen,
Und kein Geld, keine Uhr zum Versetzen.
Außerdem war da gar nichts zu kaufen;
Denn dort gab's nur Löwen mit Schlangenleiber,
Sonst weder keine Menschen als auch keine Weiber.
Und er hätte gerade so gern einmal wieder
Ein kerniges Hamburger Weibstück besucht.
Und da kniete Kuttel nach Osten zu nieder.
Und als er zum drittenmal rückwärts geflucht,
Da nahte sich plötzlich der Vogel Greif,
Und Daddeldu sagte: „Ei wont ä weif."
Und der Vogel Greif trug ihn schnell
Bald in dies Bordell, bald in jenes Bordell

Und schenkte ihm Schlackwurst und Schnaps und so weiter. –
So erzählt Kuttel Daddeldu heiter, –
Märchen, die er ganz selber erfunden.
Und säuft. – Es verfließen die Stunden.
Die Kinder weinen. Die Märchen lallen.
Die Mutter ist längst untern Tisch gefallen,
Und Kuttel – bemüht, sie aufzuheben –
Hat sich schon zweimal dabei übergeben.
Und um die Ruhe nicht länger zu stören,
Verläßt er leise Mutter und Göhren.

Denkt aber noch tagelang hinter Sizilien
An die traulichen Stunden in seinen Familien.

Matrosensang

Herr Steuermann, ach Steuermann,
Mein Herz ist gar so schwer.
»So bind ein gut Stück Eisen dran
Und wirf es über Bord ins Meer.«

Ob meine schwangere Liebste weint?
Eine Trän? Zwei Trän? Drei Trän?
Ho! Meine krumme Mutter meint,
Ich sei ein reicher Kapitän.

Ist Mutters Haus mit Stroh gedeckt,
Wie sie sich freuen kann.
Doch wie ein Sturm mit Branntwein schmeckt,
Das geht sie einen Hundsdreck an.

Logik

Die Nacht war kalt und sternenklar,
Da trieb im Meer bei Norderney
Ein Suahelischnurrbarthaar. –
Die nächste Schiffsuhr wies auf drei.

Mir scheint da mancherlei nicht klar,
Man fragt doch, wenn man Logik hat,
Was sucht ein Suahelihaar
Denn nachts um drei am Kattegatt?

Rezept

Man mische 7 Pfund Palmin
Mit gleichviel Milch und Terpentin.
Dann füge man ein Hühnerei
Und etwas Öl nebst Essig bei.
Dies nun zu festem Brei gerührt,
Wird dann in einen Strumpf geschnürt.
Das ganze läßt man 13 Wochen
In lauem Seifenwasser kochen.
Dann wird es mit Gelee garniert
Und im verdeckten Topf serviert.
(Doch halte man zu rechter Zeit
Ein offenes Töpfchen sich bereit.)

Das Terrbarium

Das war meine Erfindung:
Vor allen Dingen muß man die Tiere lebendig pressen.
Anfangs kostet es Überwindung,
Aber schließlich wird nichts so heiß gekocht wie gegessen.

Die Presse muß mindestens sechs Quadratmeter messen.

Meine Anlage war ein technisches Wunder;
Riesensäle, um die getrockneten Bestien
Übersichtlich hübsch an der Wand zu befestigen.

Denn ein geplättetes Nashorn ist keine Flunder.
Wegen der Dickhäuter und et cetera
Brauchte ich selbstverständlich elektrische Kraft. –
Doch ich speiste mit dem herausfließenden Saft
Sämtliche Waisenkinder von Zentralamerika.
Ganz abgesehen von der Naturwissenschaft.

Manches läßt sich nicht beim erstenmal schaffen.
Oftmals zappelt und zuckt noch der Hals,
Wenn der Unterkörper schon platt ist, so bei den Giraffen.
Und ich besinne mich eines noch schwereren Falls.

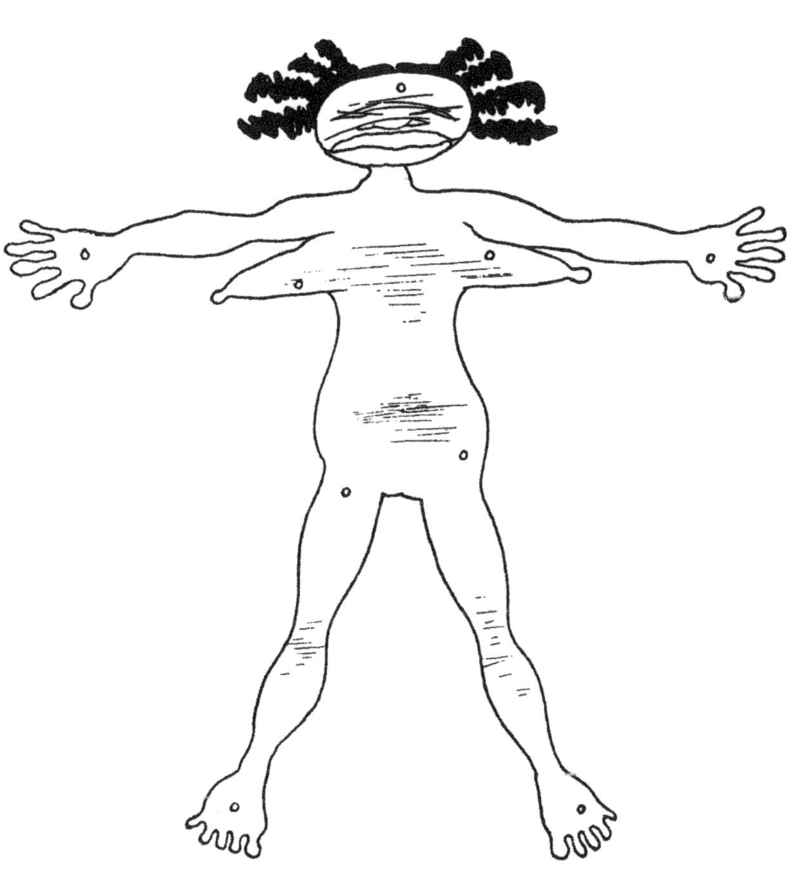

Um meine Sammlung zu komplettieren,
Wollte ich auch einen Menschen so präparieren.
Jene Miß Hamsy, die ich dazu erkor,
War eine ernste, wohlgebaute Mulattin,
Leichthin sommersprossig und Zollwächters Gattin.
Und der setzte ich Arak mit Blumenkohl vor,
Sagte, das sei Barbarossas Lieblingsgericht,
Las ihr zwei Novellen von Freiherrn v. Schlicht.
Bis sie langsam das Bewußtsein verlor.
Als ich sie dann im Dunkeln entkleidet hatte,
Legte ich sie behutsam tastend auf die untere Platte,
Kurbelte an. Doch sie erwachte dabei.
Aber ich suchte sie taktvoll bescheiden zu trösten:
Wieviel schlimmer es wäre, lebendig zu rösten,
Und daß die Presse nicht zu umgehen sei.

Nichts stimmt trauriger als ein menschlicher Todesschrei.
Aber was bedeutet solch kurzer Ton
Gegen die furchtbaren Greuel der Vivisektion!
Und wie Miß Hamsy dann an der Wand die vierte
Halle für Säugetiere und Eidechsen zierte,
Hat ihr Anblick jeden Besucher gebannt.
Die Kritiken hörten nicht auf sie zu loben.
Bis sich schließlich die Popolaca erhoben.
Diese Indianer haben das ganze Museum niedergebrannt.
Alles haben mir diese Schweine gestohlen.
Aus Miß Hamsy schnitten sie Mokassinsohlen.
Was ein Barbar ist, hat weder Kultur noch Geschmack.
Aber einen von ihnen erwischte ich später,
Kochte ihn lebend mit Kienharz und Wasserstoff-Äther.
Und den Kerl verbrauche ich heute als Siegellack.

Die Ameisen

In Hamburg lebten zwei Ameisen,
Die wollten nach Australien reisen.
Bei Altona auf der Chaussee
Da taten ihnen die Beine weh,
Und da verzichteten sie weise
Dann auf den letzten Teil der Reise.

Novaja Brotnein
(Aus des Wunderknaben Horn)

Im Eismeer (jeder weiß das ja)
Da liegt Novaja Semlja.

In Hamburg (das ist auch bekannt)
Wird die Semmel »Rundstück« genannt.

Im Eismeer – sagt man in Hamburg – da
Liegt Novaja Rundstückja.

Gladderadatsch

Es hatte ein Igel sich geckenhaft und blasiert
Am ganzen Körper von oben bis unten rasiert,
Weil er abstechen wollte.
Stach wirklich auch ab. Da nahte ein Fuchs.
Worauf der Igel sich igelartig zusammenrollte.
Aber der Fuchs verschluckte ihn flugs.
Igel bat Fuchsen, ihn doch wieder auszubrechen;
Er sei ein Igel und könnte empfindlich stechen.
Und mittelst bauchrhetorischer Worte
Sprach der Fuchs: »Sie müssen verzeihn;
Ich hielt Sie für ein kindliches Schwein,
Werde nun aber sofort Sie befrein.
Wenn ich bitten darf – durch die Hinterpforte.«
Der Igel gab keinen Laut
Mehr von sich. Er war schon verdaut.

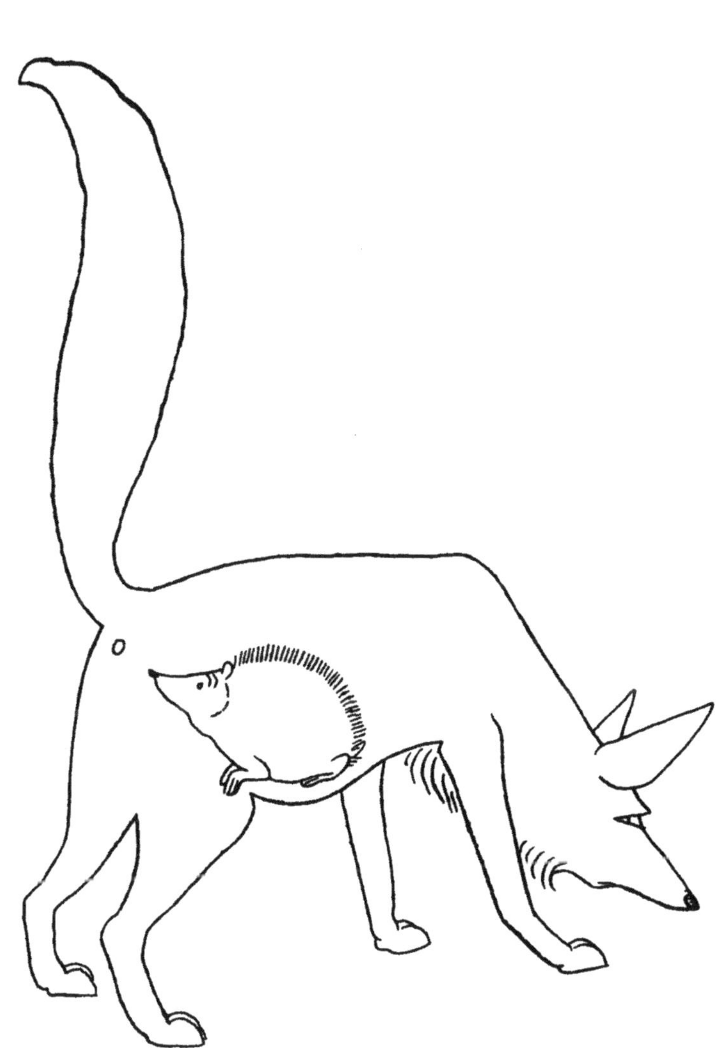

Es setzten sich sechs Schwalben

Es setzten sich sechs Schwalben
Auf sechs Dückdalben
Und haben 3 Minuten vereint
Um den Herzog von Alba geweint
Und flogen weiter und hatten zu sechst
Doch richtig die ganzen Dückdalben beklext.

Überfahrt

Die Brücke brach. Da lag ich sekundenlang
Mehrmals gebrochen quer über'm Schienenstrang.
Wuchs ein Balg mit Lichtern aus Donner und Qualm
Rasend heran.
Schrein? Wegwälz? – Zermalm? –
Dann – –
Quietsch. Meine Knochen zerknürpsten;
Die dicksten waren die mürbsten.
Entzwei. Vorbei.
Splitter mit Brei.
Sah noch den armen motivführer erschauern.
Dann erhob ich mich, heißt: ich fühlte mich licht
Aufwärts schräg durch Lüfte und Mauern,
Dachte vielleicht noch – vielleicht auch nicht –
Mit einem komischen Rest von »Bedauern«:
»Schade, daß mich Bruder Wolfgang jetzt nicht sieht!«

Das Gesellenstück

Mahagoni auf Eiche furniert.
Deckel sauber scharniert.
Alle Bretter gefedert, gespundet.
Die Ecken fein weich gerundet.
Die Seitenwände mit tiefgeschnitzten
Weintrauben und Schellfischen geziert.
Das war bei Weber in Osnabrück
Mein Gesellenstück.

Selbst Wasmann und Peter sagten 1910:
Solch einen Sarg hätten sie noch nie gesehn.

Ohne mich rühmen. Das soll einer machen.
Und dabei alles selber gemacht.
Die Griffe kupfergeschmiedete Drachen,
Die Füße gedrechselt (((Acht, sacht, Pracht, lacht, gedacht))),
Auf den Deckel in Rundschrift fein säuberlich
Eingebrannt: »Sarg für Frau (Doppelpunkt Strich)«.
Innwendig ein roßhaargepolstertes Bett,
Rosa Pünktchen auf Gelb-Violett.
Ich habe manchmal des Studiums wegen
Vierundzwanzig Stunden darin gelegen.
Da war ein durch schöne Bilder verdecktes
Speiseregal zur linken Hand,
Wo Camembert, Zwieback und Butter stand
Und Trockengemüse und Eingewecktes. –

Auf den leisesten Druck mit der Zehe im Schlaf
Löste sich zu Fußende ein Kinematograph
Und zeigte abwechselnd »Brudermord«
Und »Torpedoangriff an Steuerbord«.
Alle zwei Stunden von selbst automatisch

Spielte ein Grammophon ganz zart:
»Ich bin der Doktor Eisenbart.«
Außerdem roch es dort sehr sympathisch
Nach Moschus, Kampfer und kalter Küche.
Von wegen die Leichengerüche.

Und dann die Technik und das Komfort:
Kalender, das Telephon rechts am Ohr,
Glühbirnen und Klingeln. Ein tolles Gewirr.
Auch ein kleines, versilbertes Nachtgeschirr. –
Und Wasserstandglas und Thermometer.
Kurz herrlich! herrlich! – Wasmann und Peter
Hätten mir glattweg fünftausend Mark
Und doppelt soviel gezahlt für den Sarg.
Und das war damals ein Geld, wenn man's denkt.

Aber ich hänge nicht so am Golde. –
Und so hab ich ihn dann meiner Tante Isolde
Zum 70. Geburtstag geschenkt.

Ansprache eines Fremden an eine Geschminkte vor dem Wilberforcemonument

Guten Abend, schöne Unbekannte! Es ist nachts halb zehn.
Würden Sie liebenswürdigerweise mit mir schlafen gehn?
Wer ich bin? – Sie meinen, wie ich heiße?

Liebes Kind, ich werde Sie belügen,
Denn ich schenke dir drei Pfund.
Denn ich küsse niemals auf den Mund.
Von uns beiden bin ich der Gescheitre.
Doch du darfst mich um drei weitre
Pfund betrügen.

Glaube mir, liebes Kind:
Wenn man einmal in Sansibar
Und in Tirol und im Gefängnis und in Kalkutta war,
Dann merkt man erst, daß man nicht weiß, wie sonderbar
Die Menschen sind.

Deine Ehre, zum Beispiel, ist nicht dasselbe
Wie bei Peter dem Großen L'honneur. –
Übrigens war ich – (Schenk mir das gelbe
Band!) – in Altona an der Elbe
Schaufensterdekorateur. –

Hast du das Tuten gehört?
Das ist Wilson Line.

Wie? Ich sei angetrunken? O nein, nein! Nein!
Ich bin völlig besoffen und hundsgefährlich geistesgestört.

Aber sechs Pfund sind immer ein Risiko wert.
Wie du mißtrauisch neben mir gehst!
Wart nur, ich erzähle dir schnurrige Sachen.
Ich weiß: Du wirst lachen.
Ich weiß: Daß sie dich auch traurig machen.
Obwohl du sie gar nicht verstehst.

Und auch ich –
Du wirst mir vertrauen, – später, in Hose und Hemd.
Mädchen wie du haben mir immer vertraut.

Ich bin etwas schief ins Leben gebaut.
Wo mir alles rätselvoll ist und fremd,
Da wohnt meine Mutter. – Quatsch! Ich bitte dich: Sei recht laut!

Ich bin eine alte Kommode.
Oft mit Tinte oder Rotwein begossen;
Manchmal mit Fußtritten geschlossen.
Der wird kichern, der nach meinem Tode
Mein Geheimfach entdeckt. –
Ach Kind, wenn du ahntest,
 wie Kunitzburger Eierkuchen schmeckt!

Das ist nun kein richtiger Scherz.
Ich bin auch nicht richtig froh.
Ich habe auch kein richtiges Herz.
Ich bin nur ein kleiner, unanständiger Schalk.
Mein richtiges Herz. Das ist anderwärts, irgendwo
Im Muschelkalk.

Die Blindschleiche

An einem Teiche
Schlich eine Schleiche,
Eine Blindschleiche sogar.
Da trieb ein Etwas ans Ufer im Wind.
Die Schleiche sah nicht, was es war,
Denn sie war blind.
– – – – – – – – –
Das dunkle Etwas aber war die Kindsleiche
Einer Blindschleiche.

Mutter Frühbeißens Tratsch

Wenn der über die Straßen ging:
Sechs Schritte vor ihm wurden die Vögel stumm,
Fielen die Pferde, kippte die Trambahn um,
Stürzte die Schwalbe herab und der Schmetterling,
Erbrachen sich Damen, krümmten sich Hunde. –

So roch das Schwein aus dem Munde.

Aber der kann nichts dafür.
Die Frau von dem Sohn, wo Paula die Semmeln holt,
neben Weyl,
Deren Schwester hat auch solch ein Magengeschwür.
Das kommt gar nicht aus dem Halse. Im Gegenteil.

Da hilft kein Pfeffermünz und kein Höllenstein.
Kein Tabak. Alle Säuren hat der durchgekostet.
Die ganze Zunge ist ihm schon hinten zerrostet.

Und stinkt immer noch wie ein Schwein.

Das geht auf keine Kuhhaut, was der erduldet.
So einer ist ja zu nichts zu gebrauchen.
Und will doch auch einmal atmen wie wir, und hauchen.

Wenn er mir auch noch sieben Mark schuldet.

Feierabendklänge eines einhändigen Metalldrehers an seine Frau mit preisgekrönten Beinen

Ich hätte dem Hinz ein Ohr abgebissen?!
Wie kann der Oswald das wissen,
Dieser Speichellecker!
Der war doch damals mit die Dachdecker
Bei Wasmann in Akkord.

Hermine! Ehrenwort!
Ich habe den Hinz nur rausgeschmissen,
Weil er gesagt hat: du hättest die Konkurrenz beschummelt,
Und ich habe ihm das verbeten
Und nur ganz leise in den Rücken getreten.

Mir ist doch Wurscht, ob ihr zusammen poussiert
Und in die Wirtshäuser lauft.
Ich will nur nicht, daß ihr das Geld versauft,
Wo eigentlich mir zugebührt.

Hinz und Hillbrecht haben die Dreikantfeile
  und den Vorschlaghammer an Meßmer verkauft

Und mich haben sie ausgeschmiert.
Hinz ist überhaupt gar nicht organisiert.
Und der soll mich bloß nicht reizen,
Und deswegen könntest du immerhin die Stube heizen.
Denn wenn wir auch arm sein – –
Ich habe nur eine Hand, aber wehe, wenn sie sich ballt.
Vor den Feuern ist's heiß und der Heimweg ist kalt.
Und wenn man nach Hause kommt,
  soll es dann wenigstens warm sein.

Aber ihr treibt alle Schwindel und Betrug.
Und der Oswald ist ebenso schlecht,
Und Hinz hat an einem Ohr noch übergenug.
Und ich poche auf mein ehrliches Recht
Und lasse mich nicht von denen verkohlen.
– Schweine sind's! –
Und den Hammer und die Feile haben nicht Hillbrecht
 und Hinz,
Den habe ich ganz alleine gestohlen!!

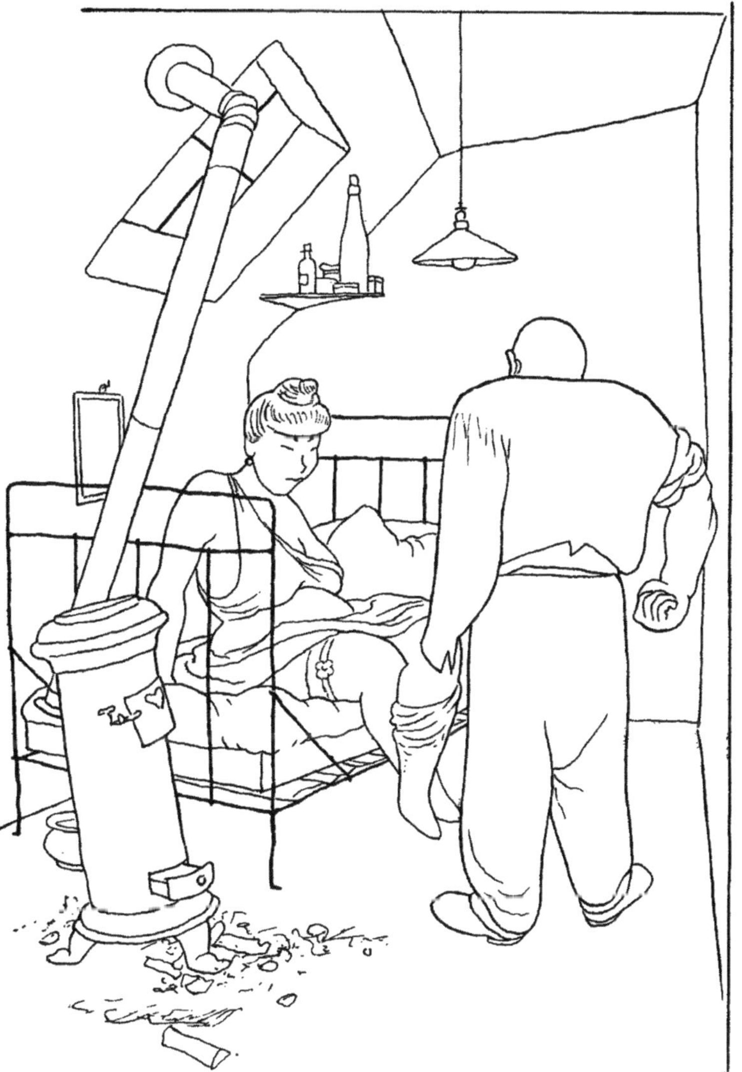

Es waren zwei Moleküle

Es waren zwei Moleküle.
Die saßen auf einer Mühle
Und sahen zu, wie das Mühlrad trieb,
Und waren zufrieden und hatten sich lieb.
Und keiner, keiner wußte darum,
Als nur ein Mann, der Adressen schrieb.

Billardopfer

Er starb am Billard, beim letzten Stoße.
Engel trugen ihn in die Höh'.
Abraham fand in seinem Schoße
Blaue Kreide und ein Billardqueue,
Und er stieß in spielerischer Idee
Nach den Sternen und Monden mit Linkseffet.
Abraham bekam das Spielen satt,
Weil der Himmel keine Bande hat.
Warf also das Queue wütend zur Erde zurück.
Das brach einer alten Frau das Genick.
Die stand auf der Straße, doch nicht auf der Einwohnerliste.
Die nächste Gemeinde begrub und bezahlte die Kiste.
Und von dem Blitze, der bald dieses, bald jenes vernichtet,
Wurde dann unter »Lokales« berichtet,
Daß er eine fremde Zigeunerin draußen erschlug,
Die einen gestohlenen Billardstock bei sich trug.

Ob wohl in Afrika oder am Delta des Nils
Auch Leute so sterben als Opfer des Billardspiels??

Mein harmlos Lied

In einem Untertäßchen
Voll Schnee und Rosenlikör
Erwachte das kleine Prinzeßchen.

Noch ganz verschlafen und ohne Gehör
Gewahrte sie mit Erröten
Auf ihren niedlichen Brüsten
Sechsundvierzig breite Warzenkröten,
Die sich gegenseitig auf den Podex küßten.
Und schrie, als sie sowas erblickte:
»Pfui Keks!« Woran sie erstickte.

Und nun ist in jeder Zeitung zu lesen:
Sie sei ein großer Schweinigel gewesen.

Balladette

Das war die sonst noch ziemlich fesche
Marie, die ihrem Prinzipal
In der Fabrik für Sterbewäsche
Drei schwarze Unterhosen stahl.

Und sandte, als es ruchbar wurde,
Dann das Gestohlene zurück.
Und diese mindestens absurde
Idee gereichte ihr zum Glück.

Der Prinzipal für Sterbewäsche,
Der nicht Karrieren gern verdarb,
Gab ihr so viel verdiente Dresche,
Daß sie ein Kind gebar und starb.

Noctambulatio

Sie drückten sich schon beizeiten
Fort aus dem Tanzlokal
Und suchten zu beiden Seiten
Der Straße das Gast- und Logierhaus Continental.

So dringlich: Man hätte können glauben,
Er triebe sie vorwärts wie ein Rind.
Und doch handelten beide im besten Glauben.
Er wollte ihr nur die Unschuld rauben.
Sie wollte partout von ihm ein Kind.

Da geschah es, etwa am Halleschen Tor,
Daß Frieda über dem Knutschen und Schmusen
Aus ihrem hitzig gekitzelten Busen
Eine zertanzte, verdrückte Rose verlor.

Und ein sehr feiner Herr, dessen Eleganz
Nicht so rumtoben tut, folgte den beiden.
Jedoch hielt er sich vornehm bescheiden
Immer in einer gewissen Distanz.

Er wollte ursprünglich zum Bierhaus Siechen.
Aber nun hemmte er seinen Lauf,
Zog die Handschuh aus, hob die Rose auf
Und begann langsam daran zu riechen.

Er wünschte aber keinen Augenblicksgenuß;
Deshalb stieg er mit der Rose in den Omnibus.
Derweilen war Frieda mit ihrem Soldaten
Auf einen Kinderspielplatz geraten.

Dort merkten sie nicht, wie die Nacht verstrich,
Und daß ein unruhiger Mann mit einem Spaten
Sie dauernd beschlich.

Als sich nach längerem Aufenthalt
Das Paar in der Richtung zur Gasanstalt
Mit kurzen, trippelnden Schritten verlor,

Sprang der unruhige Mann plötzlich hervor.
Und fing an, eine Stelle, wo er im Sand
Die Spur von Friedas Stiefelchen fand,
Mit seinem Spaten herauszuheben.
Worauf er behutsam mit zitternder Hand
Die feuchte Form in ein Sacktuch band,
Um sich dann leichenblaß heimzubegeben.

Wie um das dümmste Mädchen
Sich sonderbare Fädchen
Nachts durch die Straßen ziehn –
Die Dichter und die Maler
Und auch die Kriminaler,
Die kennen ihr Berlin.

Was der Liftboy äußert

Fahrstuhl ahoi!
Ich bin der Boy
An Silbersteins Lift.
Bin ich mal nicht dabei,
Reißen die Stricke entzwei
Und zermalmt oder zerquetscht, wen's gerade trifft.

Aber wenn ich bediene,
Saust die Maschine
Im Nu
Aus dem Hochparterre bis zum dritten.
Um ein Trinkgeld darf ich nicht bitten,
Aber feine Herrschaften drücken ein Auge zu.

Am Zahltage sagte Herr Silberstein:
Ich dürfte stolz auf den Posten sein,
Wo ich immerfort stiege,
Und ich bekäme nur kleines Salär,
Weil ich fürs Lift so geeignet wär',
Weil ich so sehr wenig wiege.

Da lernt man so allerlei,
Und da ist viel Verantwortung bei.
Aber ich kenne schon meine Kunden.
Da hat's eine auf mich abgesehn,
So eine Dicke mit rundem
Busen, die will mir den Kopf verdrehn.
Und da blieb der Fahrstuhl im Dachstuhl stehn.
Und da meinte sie, müßte was geschehn,
Und da hat sie plötzlich entbunden.
Das geht so ungefähr:
Bitte sehr! Immer herein!

Wer will noch mal von unten geliftet sein?
So 2, 4, 8 Halt! Nicht mehr!
Rrrr!
Unsereins leidet am Nervenschock.
Das kann auch nicht jeder.
Halt!!!
Meine Damen, bitte schön! Zwischenstock!
Abteilung Knochen und Leder!

LIFT

Die Nagelfeile

Man stirbt hier vor Langeweile,
Dachte die Nagelfeile
Beim Mittagessen!
Und machte sich, wie von ungefähr,
Über den Fingernagel her,
Beim Mittagessen!
Da begann eine silberne Gabel zu schrei'n:
»Meine Dame – – Sie sind hier nicht allein!«

Die Badewanne

Die Badewanne prahlte sehr.
Sie hielt sich für das Mittelmeer
Und ihre eine Seitenwand
Für Helgoländer Küstenland.
Die andre Seite – gab sie an –
Sei das Gebirge Hindostan
Und ihre große Rundung sei
Bestimmt die Delagoabai.
Von ihrem spitzen Ende vorn,
Erklärte sie, es sei Kap Horn.
Den Kettenzug am Regulator,
Hielt sie sogar für den Äquator.
Sie war – nicht wahr, das merken Sie? –
Sehr schwach in der Geographie.
Dies eingebildete Bassin.
Es wohnte im Quartier latin.

Lampe und Spiegel

»Sie faule, verbummelte Schlampe,«
Sagte der Spiegel zur Lampe.
»Sie altes, schmieriges Scherbenstück,«
Gab die Lampe dem Spiegel zurück.
Der Spiegel in seiner Erbitterung
Bekam einen ganz gewaltigen Sprung.
Der zornigen Lampe verging die Puste.
Sie fauchte, rauchte, schwelte und ruste.
Das Stubenmädchen ließ beide in Ruhe,
Und doch: Ihr schob man die Schuld in die Schuhe.

Der Globus

»Wo sitzt«, so frug der Globus leise
Und naseweis die weise, weiße,
Unübersehbar weite Wand,
»Wo sitzt bei uns wohl der Verstand?«

Die Wand besann sich eine Weile.
Sprach dann: »Bei dir – im Hinterteile!«

Nun dreht seitdem der Globus leise
Sich um und um herum im Kreise –
Als wie am Bratenspieß ein Huhn,
Und wie auch wir das schließlich tun –
Dreht stetig sich und sucht derweil
Sein Hinterteil, sein Hinterteil.

Flie und Ele

Fliegend entfernten sich die Fliegen.
Doch ließen sie auf Ei und Kaviar
Zwei, drei, vier Fliegenexkremente liegen.
Die aß der Mensch und ward es nicht gewahr.
Ein Elefant bemerkte diesen Fall
Und rollte einen schweren, goldnen Ball
Nicht ohne leises Lächeln durch den Stall.

Der Briefmark

Ein männlicher Briefmark erlebte
Was Schönes, bevor er klebte.
Er war von einer Prinzessin beleckt.
Da war die Liebe in ihm erweckt.
Er wollte sie wiederküssen,
Da hat er verreisen müssen.
So liebte er sie vergebens.
Das ist die Tragik des Lebens …

Es waren zwei Schweinekarbonaden

Es waren zwei Schweinekarbonaden,
Die kehrten zurück in den Fleischerladen
Und sagten, so ganz von oben hin:
»Menèh tékel ûpharsin.«

Der Bandwurm

Es stand sehr schlimm um des Bandwurms Befinden.
Ihn juckte immer etwas hinten.
Dann konstatierte der Doktor Schmidt,
Nachdem er den Leib ihm aufgeschnitten,
Daß dieser Wurm an Würmern litt,
Die wiederum an Würmern litten –

Fliege und Wanze

Die Fliege hat zur Wanze gesprochen:
»Leih' mir doch eine Maß Blut,
Ich habe den Bürgermeister gestochen. – –

Aber der roch nicht gut.
Und ich habe sein Blut, ohne was zu sagen,
In die Nase von seiner Frau übertragen,
Und gab auch der Tochter und dem Sohn
Eine kleine Portion.
Und nun riecht die ganze Familie
Nach Quecksilber und Petersilie,
Und ist voller Pickel und Flecke,
Und es ist ein Vergnügen, von der Decke
Aus zuzugucken, wie sie sich jucken.«

Die Wanze tat etwas fremd
Und brummte: »Ach, Bagatelle!«
Und kroch dabei einem Kutscher ins Hemd.
Dort war derzeit ihre Quelle.

Die Schnupftabaksdose

Es war eine Schnupftabaksdose,
Die hatte Friedrich der Große
Sich selbst geschnitzelt aus Nußbaumholz.
Und darauf war sie natürlich stolz.

Da kam ein Holzwurm gekrochen.
Der hatte Nußbaum gerochen.
Die Dose erzählte ihm lang und breit
Von Friedrich dem Großen und seiner Zeit.

Sie nannte den alten Fritz generös.
Da aber wurde der Holzwurm nervös
Und sagte, indem er zu bohren begann:
»Was geht mich Friedrich der Große an!«

Schaudervoll, es zog die reine

Schaudervoll: Es zog die reine,
Weiße, ehrbar keusche Clara
Aus dem Sittlichkeitsvereine
Eines Abends nach Ferrara.
Schaudervoll: Dort, irgendwo,
F l o ß der Po.
Schaudervoll, doch es geschah
In Ferrara, daß die Clara
Aus dem Sittlichkeitsvereine
Nachts den Po doppelt sah.

Schicksal der Schlaube

Anno 1307
Ante Christum natum
War eine Schlaube in einem Zahn steckengeblieben,
Da nahte sich eine Floskel aus Batum
Und sagte: »Erlaube,
Daß ich dir helfe.« – – »Ganz nach Belieben,«
Sagte die Schlaube.

Da war das Liebeswerk schon getan.
Da wurde die Floskel blässer und blässer.
Die Schlaube indessen sprang in ein fließend Gewässer,
Trieb fort in der Richtung von Quelle nach Mündung;
Überall roch es nach ham and eggs.

Und die kleine Schlaube starb unterwegs
An Ekel, Scharlach oder Gebärmutterentzündung.

Die Geburtenzahl

Die Geburtenzahl
Ging herunter,
Traf den Pfarrer im Tal
Nachts noch munter.
Heidel da diedel dumm
Wie war das schön im Tal!
Aufwärts steigt wiederum
Bald die Geburtenzahl.

* * *

Und dann lächelt alles froh
Im statistischen Büro.

Stoffwechsel

»Wie glüht er im Glase! Wie flammt er so hold!
Geschliffnem Topase vergleich ich sein Gold.«
Ich aber meinte den Urin
Und dachte mich in Groß-Berlin.
Und dachte eine junge Braut,
Ganz eingehüllt in Bückingshaut.
Da brachte mir der Pikkolo
Den Grog. Ich schnupperte und floh.

Miß Longwieles Stoßgähnen

(Ein Chanson)

Uah! Ich wollte, ich hätte
An Stelle meiner Beine zwei
Stuhlbeine aus Holz oder Blei –.
Dann wünschte niemand sich das Zeugs ins Bette.

Mein Unterrücks – müßte ein – –
Müßte eine Plakatsäule sein.
Ach nein.
Wie dumm!
Dann stünden sie ja erst recht herum.

Mein Busen – (schöner Gedanke)
Wäre eine Planke,
Mit Stacheldraht
Und frisch geteert.
Dann käme der nächste Soldat,
Sagte: »Danke.
Ganze Abteilung kehrt!«

Und an meiner Nase hinge
Ewig ein Hühnerei,
Und bei jedem Niesen ginge
Das Ei entzwei.
Wären die Augen aus Stein,
Schwarz die Zähne und ohne Schmelz – –

Einmal arm möcht' ich sein,
Einsam, verachtet, bedauert. –

Reich mir den Pelz.
Anspannen! Mich schauert.

Vier Treppen hoch bei Dämmerung

Du mußt die Leute in die Fresse knacken.
Dann, wenn sie aufmerksam geworden sind, –
Vielleicht nach einer Eisenstange packen, –
Mußt du zu ihnen wie zu einem Kind
Ganz schamlos fromm und ärmlich einfach reden
Von Dingen, die du eben noch nicht wußtest.
Und bittst sie um Verzeihung – einzeln jeden –,
Daß du sie in die Fresse schlagen mußtest.
Und wenn du siegst: so sollst du traurig gehen,
Mit einem Witz. Und sie nie wieder sehen.

Mein Riechtwieich

Gutes Bettchen du!
Ich gehe jetzt in dich. Gute Nacht!
Wünsche angenehme Ruh. –
Und auf einmal ist's wieder früh,
Bin ich wieder aufgewacht,
Habe dich naß gemacht –
Herzeleid – Pupo – Pipü.

Bett, ich falle in dich, du mein Bett.
Ich will nichts mehr wissen.
Sticke mich tot mit Gänsekissen.
Ich pfeife auf Schweinskotelett
Und Schutzmann und Feuer im Haus;
Mir ist alles egal.
Eigentlich müßte ich noch einmal –
Aber ich zwing's heute nicht.
Bitte – lie Bett – puste das Licht –

Altes Bettchen, hallo!!
Wir brechen in dich hinein;
Ja schau nur: Zu zwei'n!
Nun knurre, knarre nicht so.
Heute geht's stürmisch zu.
Anna, komm doch! Ich friere. Huhu!
Möge uns Gott verzeihn.
Aber das wissen nur Anna und ich und du.

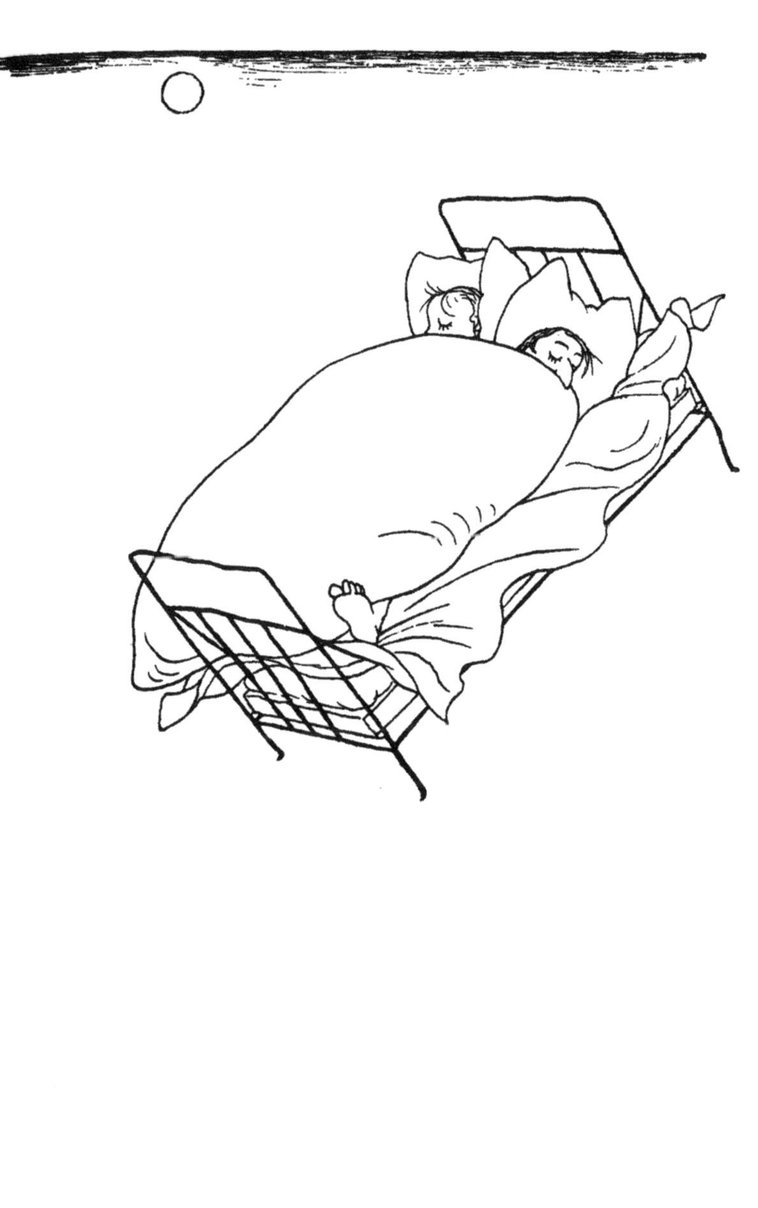

Bettchen, wo fährst du denn hin??
Nun gut, fahr immer zu.
Im Kreise und auf die Reise.
Nach Afrika. Wir besuchen ein Gnu.
Gut Nacht, Anna, ich bin –
Müde bin ich Känguruh.

Frühlingsanfang auf der Bank vorm Anhalter Bahnhof

Vierter Klasse wär' es noch mehr billig.
Aber da käme ich später an.
Und dann ist die Stellung vielleicht schon vergeben,
Und die Frau Bauratswitwe sagt dann
Wieder: Ich sei arbeitsunwillig.
Und wovon soll ich dann am Freitag leben?
Am liebsten möchte ich gar nicht fahren.
Da könnten wir all das Fahrgeld sparen,
Und lieber versaufen.
Und da können wir noch die beiden Weinflaschen verkaufen.
Da wird man wieder mal richtig vergnügt.
Und hauen uns nachts auf die Bretter am Halleschen Tor,
Wo manchmal der Bolzenmax liegt.
Jetzt kommen schon die Krokusse vor,
Da ist es schon nicht mehr so kalt.
Und morgen werden wir sehn, wo wir bleiben.
Da werden sie uns auseinandertreiben
Wie die Pferdeäppel auf'm Asphalt.
Ob es wohl wahr ist, wenn man noch lebt – daß man
Seine Knochen an die Akademie verkaufen kann?

Lied aus einem Berliner Droschkenfenster

Auf dem Asphalt das Blut und das verspritzte Gehirn
Verlaufen in zierlichen Fädchen.
Ein Fädchen kann sein aus Seide oder Zwirn.
Damit nähen und sticken die Mädchen.

Sie nähen einen Saum, und sie sticken ein »B«
In ein seifensteifes Unterhöschen.
Im Kielwasser eines Dampfers auf See
Ersäuft ein vertrocknetes Röschen.

Mein Onkel im Rostocker Rathaus erschrickt
Über eine sich lösende Tapete.
Der hat einmal eine Sternschnuppe erblickt,
Die sah aus wie eine Rakete.

Wenn der Gaul sich auf dem Spittelmarkt mal hinlegen will,
Na, dann soll man das dem Vieh auch nicht verwehren.
Nee, dann trink' ich meinen Gilka. Und belausche dabei still,
Wie die Wanzen sich im Polstersamt vermehren.

Jene brasilianischen Schmetterlinge

Wie schön ihr angezogen seid!
Simpelfarbig ist unsere Menschenhaut
Und hat noch Hitzpickel am Gesicht.
Aber ich denke das ohne Neid.
Ihr renommiert wahrscheinlich auch nicht
Mit euren sonnenmetallischen Flügeln.
Sie sind euer einziges Kleid.
Ihr braucht es niemals zu bügeln.
Und wenn ich es täte, dann ginge
Es sicher entzwei.
Und euer Leben, ihr Schmetterlinge,
Huscht sowieso wie ein Sternschnupp vorbei.
Drum seid ihr Ochsen, wenn ihr's nicht genießt.
Dauernd saufen, naschen, geschlechtlich paktieren!
Derart keine Zehntelsekunde verlieren!
Bis euch der deutsche Professor aufspießt.
– – – – – – – – – –
Die europäischen Fernen
Kennenzulernen,
Was euch das Leben nie bot,
Was ihr damals auch nie gewollt noch begriffen hättet, –
Nun wär's euch. – – Zwischen Gläser gebettet
Leuchtet ihr so geduldig tot.
Broschen seid ihr und Fächer.
Ich habe aus euch einen Aschenbecher;
Aber er tut mir so leid.
Ich streue die Asche lieber daneben.
Denn euch brachte das schöne Kleid
Um euer junges, brasilianisches Leben.

Vorm Brunnen in Wimpfen

Du bist kein du,
Wasser. – Hättest nicht Ruh,
Mich auszuhören.

Ihr fließet immerzu
Und immer weiter und möglichst weit.

Wie euch der Brunnen aus eisernen Röhren
In den heißen Althäuserplatz speist,
Erdengeläutert und ausgekühlt;
Da ihr alte und neue Zeit
Und den Himmel abkonterfeit, –

Siehet mein durstiges Staunen
In euch doch immerzu andre.
Immer wieder mit über den Rand gespühlt,
Fängt es aus eurem Raunen
Nur eines auf: Wandre!

Von euch möcht ich trinken.

Ihr würdet lau, wenn ihr stehen bliebt,
Ihr würdet trüb. Ihr würdet verweilend
Faulen und stinken.

Was kümmert's euch, daß ein Mensch euch liebt.
Dauernd zerteilt euch selber enteilend,
Seid ihr getrieben ein treibendes
Ganzes, rein Bleibendes.

256 Seiten | 978-3-86539-274-9

So skurril wie sein Kunstname ›Ringelnatz‹ sind auch die Verse des Dichters, der mit eigentlichem, weniger poetischem Namen Hans Bötticher hieß: Mal unverschämt-frivol, mal polternd, närrisch und ›knallvergnügt‹, dann wieder tiefsinnig-betrübt nehmen sie die kleinen Dinge des Lebens – eine Zwirnsrolle, eine Seifenblase, ein Stäubchen oder einen Floh –, aber auch das ›Menschlich-Allzumenschliche‹ ins Visier: Liebe, Laster, erfüllte und enttäuschte Sehnsüchte. Trotz aller Brandbreite macht die Gedichte Eines unverwechselbar: Sie sind ein zärtlich-lustvolles Bekenntnis zur Diesseitigkeit, geschrieben in einer Sprache, die ebenso wunderschön geringelt ist wie die Seepferdchen, denen dieser unvergleichliche Dichter seinen Namen entlehnte. In der vorliegenden Anthologie sind versammelt: Kinder-Verwirr-Buch, Turngedichte, Kuttel Daddeldu oder das schlüpfrige Leid und andere mehr.